평범한 우리 어린이들을 다음 세대
위인으로 만들어 줄 교과서 위인 이야기!
효리원의 교과서 위인 이야기는 초등학교
교과 과정에 나오는 국내외 위인들을, 우리나라
최고 아동 문학가 53인이 재미있게 동화로 구성했습니다.
지혜와 용기로 위대한 삶을 산 위인들의 이야기는,
어린이들의 마음속에 '나도 할 수 있다.'는
희망의 씨앗을 심어 줄 것입니다!

일러두기

1. 띄어쓰기와 맞춤법 : 초등학교 국어 교과서와 국립국어원의 『표준국어대사전』을 기준으로 하였습니다.

2. 외래어 지명과 인명 : 국립국어원의 『외래어 표기 용례집』을 기준으로 하였습니다.

3. 이해가 어려운 단어 : ( ) 안에 뜻풀이를 하였습니다.

4. 작가 연보 : 연도와 함께 나이를 표기하고, 업적을 간략히 소개하였습니다. 우리나라 위인은 태어난 해를 한 살로 하였고, 외국 위인은 만 나이를 한 살로 하였습니다. 정확한 자료가 없는 위인은 연도와 업적만을 나타냈습니다.

5. 내용 구성 : 위인의 삶은 역사적 자료를 바탕으로 최대한 사실적으로 구성하였습니다. 그러나 읽는 재미를 위해 대화 글이나 배경 묘사, 인물의 감정 표현 등에 작가의 상상력을 가미하였습니다.

6. 그림 구성 : 문헌을 바탕으로 위인이 살던 시대를 충실히 나타내도록 하되 복식의 색상이나 장식, 소품, 건물 등은 작가의 상상으로 그렸습니다.

7. 내용 감수 : 각 분야의 전문가들로 구성된 편집 위원들이 꼼꼼히 감수를 하였습니다.

편집 위원

김용만(우리역사문화연구소장)
교과서에서 만나는 위인들을 중심으로 일화와 함께 그림과 사진을 곁들여 지루하지 않게 읽을 수 있습니다. 술술 읽다 보면 학교 공부에도 많은 도움이 될 것입니다.

신현득(동시인, 전 새싹회 회장)
우리가 자주 듣고 접하는 역사 속 실존 인물들이 자신의 꿈을 이루기 위해 어떻게 노력했는지 깨달아 가면서 우리 어린이들은 한층 더 성숙해질 것입니다.

윤재운(동북아역사재단 연구 위원)
위인전을 읽으면서 어린이들은 시대를 넘어 간접 체험을 할 수 있습니다. 어떻게 살아야 하는지 인생에 대한 동기 부여와 함께 삶이 보다 풍요로워질 것입니다.

이은경(철학 박사, 전북과학대 유아교육학과 교수)
한 사람의 인격과 품성은 어릴 때 형성됩니다. 따라서 초등학교 저학년 때 어떤 책을 읽느냐에 따라 생각의 크기가 달라집니다. 어린이의 미래를 위해 이 책은 꼭 읽어야 합니다.

이창열(하버드 대학교 물리학 박사, 전 국가과학기술자문회의 전문 위원)
세상을 바꾼 위대한 인물의 이야기는 어린이의 인성 및 감성 발달에 큰 영향을 미칠 뿐 아니라 실험 정신과 개척 정신을 길러 줍니다. 용기와 지혜로 세상을 헤쳐 나가는 당당한 어린이를 꿈꾼다면 이 책은 꼭 한번 읽어 보아야 합니다.

정재도(한글학자)
위인으로 일컬어지는 이들은 어떤 생각을 하고, 어떤 삶을 살았을까요? 그들의 흔적을 담은 위인전은 복잡한 현대를 이끌어 갈 우리 어린이들에게 나침반과 같은 역할을 할 것입니다.

조수철(서울대학교 의과대학 소아정신과 교수)
위인전은 시대와 신분, 업적이 다른 위인들의 삶이 다양하고 흥미롭게 구성되어 있어 손쉽게 여러 삶의 모습을 만날 수 있습니다. 용기 있게 고난을 헤쳐 나간 위인의 이야기를 통해 삶의 지혜를 배울 수 있을 것입니다.

임진왜란을 연구하여
징비록을 쓴 정치가

유 성 룡

이창건 글 / 한재홍 그림

효리원
hyoreewon.com

"전하, 전하께서 한 발자국이라도 이 땅을 벗어나시면 이 나라는 망하고 맙니다. 이 땅을 지키셔야 합니다."

서애 유성룡이, 명나라와 가까운 의주로 피난 가려는 선조 임금에게 한 말입니다.

우리 역사에서 가장 험난했던 시대를 살다 간 유성룡은 뛰어난 군사 지식과 외교력, 그리고 유능한 장수를 발탁하여 임진왜란을 승리로 이끌었습니다. 이렇게 유성룡은 투철한 민족 정신과 나라 사랑 정신을 가진 조선의 명재상입니다.

이 책은 유성룡을 주인공으로 하는 역사 인물 이야기입니다.

유성룡의 전기를 읽으며, 우리 어린이들이 이런 점을 생각했으면 좋겠습니다.

첫째, 유성룡의 진솔한 삶의 여러 면모를 살펴보아야 합니다.

어머니와 부인을 생각하는 모습, 백성을 사랑하는 마음, 국난에 빠진 나라를 구하기 위해 겪은 인간적인 고뇌 등이 그것입니다.

둘째, 유성룡이 한 인간으로서 시대를 뛰어넘는 고뇌와 절망을 극복하는 과정을 찾아봐야 합니다. 어떻게 임진왜란을 이겨 냈는지, 그리고 승리로 이끌 때까지의 과정도 생각해야 할 것입니다. 아울러 미래를 내다보는 유성룡의 통찰력도 살펴야 할 것입니다.

셋째, 유성룡이 살던 시대에 그가 어떤 생각으로 무슨 일을 이루었는지 관찰해야 합니다. 한 인간의 꿈이 어떻게 이루어지는지, 그의 어떤 점이 오늘날 우리에게 의미와 가치가 있는지, 그 시대와 사회를 어떻게 변화시켰는지 등을 통해 역사를 읽을 수 있는 안목을 키워 나가야 할 것입니다. 그러기 위해서는 부모님이나 선생님들이 먼저 책의 내용을 살펴본 다음 어린이와 함께 무릎을 맞대고 이야기를 나누어야 할 것입니다.

나아가 어린이들에게 다양한 분야의 위인전을 접하게 하여 경험의 폭을 넓히도록 해 주어야 합니다. 위인전은 역사 인물을 통해 인생의 지혜를 얻을 수 있는 훌륭한 독서 양분이기 때문입니다.

"하늘이 낳은 인물이로다. 후에 반드시 나라에 크게 쓰일 인물이로구나."

이황이 유성룡을 처음 만났을 때 한 말입니다. 그렇습니다. 유성룡은 이황의 말대로 하늘이 낳은 인물이었습니다.

우리나라를 구한 훌륭한 재상이었습니다.

유성룡은 '지난 잘못을 반성하여 뒷날 어려움에 대비한다.'는 뜻으로 『징비록』을 남겼습니다. 그로 인해 유성룡은 오늘날에도 우리들에게 '늘 깨어 있어야 살 수 있다.'는 큰 교훈을 일러 준 위인으로 기억되고 있습니다.

서애 유성룡의 투철한 민족 정신과 나라 사랑 정신은 오래오래 빛바래지 않고 지워지지 않을 것입니다.

글쓴이 이청건

차 례

구름이 변하여 용이 되다

1542년, 어느 날 밤이었습니다.

유성룡의 어머니 김씨 부인은 잠에서 소스라쳐 깨어났습니다. 이상한 꿈을 꾸었기 때문이었습니다.

꿈속에서 본 하늘에는 먹구름이 짙게 드리워져 있었습니다. 한순간 천둥 번개가 치더니 그 먹구름이 두 마리의 커다란 용으로 변하는 것이었습니다.

'이것은 예사 꿈이 아니야. 범상치 않은 아이가 태어날 모양이구나!'

태몽이라는 것을 깨달은 김씨 부인은 매사에 몸가짐을 반듯하게 했습니다.

그리고 열 달 후 건강한 사내아이가 태어났습니다.

아버지 유중영이 말했습니다.

"구름이 용으로 변한 꿈을 꾸고 태어났으니 이 아이의 이름을 성룡이라 지으면 좋겠구려."

임진왜란을 승리로 이끈 조선의 명재상 유성룡은 이렇게 태어났습니다.

유성룡은 네 살 때부터 글을 읽기 시작했습니다. 여섯 살에『대학』을 배웠고, 여덟 살에는『맹자』를 읽어 주위 사람들을 놀라게 했습니다.

성룡은 글을 읽다가 어려운 구절이 나오더라도 풀이를 먼저 보는 일은 좀처럼 없었습니다. 몇 번이고 되풀이해서 읽고 뜻을 깨친 후에야 비로소 풀이와 맞추어 보았습니다.

아버지 유중영은 이런 성룡을 기특하게 여겼습니다.

성룡은 또래 아이들보다 생각이 깊고 총명한 아이로 자라났습니다.

무더운 여름 어느 날이었습니다.

성룡은 친구들과 함께 강가에서 물놀이를 하다가 그만 깊은 곳에 빠지고 말았습니다. 헤엄을 칠 줄 모르는 성룡은 한참 동안 허우적거리기만 했습니다.

"아이구, 저걸 어째? 큰일 났다!"

친구들은 울며불며 발을 동동 굴렀습니다. 허우적대던 유성룡은 한순간 정신을 모아야겠다고 생각했습니다. 그러고는 침착하게 강물의 흐름을 바라보면서 물살을 따라 강 가장자리로 나왔습니다.

친구들은 이 일을 두고 '갑자기 큰 물결이 일더니 물에 빠진 유성룡을 밀어 올려 살려 냈다.'고 이야기했습니다.

이 소문은 금세 이웃 마을까지 퍼졌습니다.

'유성룡이 자라서 큰 인물이 되겠군.' 하는 말들도 입에서 입으로 전해지기 시작했습니다.

성룡은 아버지를 따라 이사를 자주 다녔습니다. 아버지가 나랏일을 맡아 하고 있었기 때문이었습니다.

한양으로 이사를 한 적도 있었습니다. 그곳에서 성룡은 이순신을 만났습니다.

이순신이 아이들과 전쟁놀이를 할 때 성룡도 함께하곤 했습니다. 이런 인연으로, 세월이 흘러 임진왜란 때 유성룡이 이순신을 장군으로 추천하게 될 줄은 아무도 몰랐습니다.

이황의
가르침을 받다

성룡은 열일곱 살 되던 해에 광평 대군 5세손인 이경의 딸과
혼인을 했습니다. 혼인 후에도 유성룡은 공부를 게을리하지
않았습니다.

열아홉 살 되던 해의 어느 날, 유성룡은 관악산에 있는 외딴
암자에서 글공부에 빠져 있었습니다.

밤이 이슥할 무렵, 유성룡이 글을 읽는 방 창에 웬 그림자가
어른거렸습니다.

짐승의 울음소리를 내던 그림자는 방에서 아무런 기척이 없

병산 서원 | 임진왜란 때의 명재상 유성룡의 학문과 덕행을 기리기 위해 세운 서원으로, 경상북도 안동에 있습니다.

자 이번에는 방문을 드르륵드르륵 긁기 시작했습니다.

그런데도 유성룡은 아랑곳하지 않고 책만 읽었습니다.

그림자는 곧 사라졌습니다.

날이 밝자 암자의 스님이 내려와 유성룡에게 물었습니다.

"지난밤에 아무 일도 없었습니까?"

"네, 아무 일도 없었습니다. 문밖에 무언가가 왔다 가는 것 같았는데, 책 읽는 시간이 아까워 내다보지 않았습니다."

스님은 크게 감탄했습니다.

"젊은 선비의 뜻이 이처럼 굳으니 훌륭한 일을 할 수 있을 것 같구려."

지난밤의 일은 스님이 유성룡을 시험해 보기 위해 일부러 꾸민 것이었습니다.

스물한 살 되던 해에 유성룡은 당시 가장 존경받는 학자였던 퇴계 이황을 찾아갔습니다. 그에게 가르침을 받기 위해서였습니다.

이황은 유성룡의 모습을 찬찬히 살펴보았습니다.

"하늘이 낳은 인물이로구나. 공부를 열심히 해서 나라를 위해 큰일을 하여라."

이황의 제자 가운데 이런

칭찬을 받은 것은 유성룡뿐이었습니다.

이황의 문하에 든 유성룡은 얼마 지나지 않아 진사 시험에 합격했습니다. 그로부터 두 해 뒤에는 별시 문과에 급제를 했습니다. 유성룡은 외교 문서를 담당하는 승문원 일을 맡게 되었습니다.

벼슬길에 오른 유성룡은 무척 바쁜 나날을 보냈습니다.

1569년 유성룡은 성절사(중국 황제나 황후의 생일을 축하하는 사절)의 서장관(외국에 보내는 사신 중 기록을 맡아보는 임시 벼슬)으로 명나라 연경에 다녀와야 했습니다.

집을 떠나는 날, 유성룡은 부인을 불러 말했습니다.

"집을 비우게 되어 미안하오. 어머니를 잘 부탁하오."

유성룡은 학문만큼이나 효성도 지극했습니다.

전쟁에 대비하다

    명나라에서 돌아온 유성룡은 홍문관 수찬으로 임명되었습니다. 이로써 유성룡은 임금을 곁에서 모실 수 있었습니다.

    하루는 선조 임금이 조정에서 신하들과 함께 경서(옛 성현들이 유교의 가르침을 써 놓은 책) 읽는 모임을 하다가 이렇게 물었습니다.

    "과인을 중국의 성군인 요순과 폭군인 걸주에 비긴다면 어느 쪽이라고 할 수 있겠소?"

    이때 한 신하가 나섰습니다.

"요순과 같은 군주이시옵니다."

그러자 그 앞에 있던 다른 신하가 말을 받았습니다.

"걸주와 같사옵니다."

그 말을 들은 선조 임금의 얼굴색이 변했습니다.

순간, 유성룡이 급히 나서며 아뢰었습니다.

"두 분 말씀이 모두 옳은 줄로 아옵니다. 요순에 견준 것은 앞으로 전하의 성덕을 바라는 뜻이요, 걸주를 입에 올린 것은 전하께 드리는 경계인 줄 아옵니다."

선조 임금을 비롯한 조정 대신들이 고개를 끄덕이며 한바탕 웃었습니다.

이때부터 삼십 년간, 유성룡은 조선 시대의 모든 관리를 통틀어 가장 많은 관직을 맡았습니다. 영의정, 좌의정, 우의정을 비롯하여 대사간, 대사헌, 대제학, 이조 · 예조 · 병조 판서, 도승지, 상주 목사, 경상도 관찰사 등등 일일이 헤아리기가 어려울 정도입니다. 그러면서 유성룡은 나라를 위해 많은 일을 함으로써 우리 역사에 길이 남는 인물이 되었습니다.

1578년, 하늘에서 몇 개의 혜성이 떨어졌습니다.

그러더니 가을에는 샛별이 흰 비단을 펼치듯 빛나다가 몇 달 후에 사라졌습니다.

이런 일이 몇 해 동안 되풀이되었습니다.

'참 이상한 일이야. 아무래도 무언가 큰일이 일어날 것 같은 예감이 들어. 그래, 아무리 사소한 것이라도 이모저모 잘 살펴서 나랏일에 어긋남이 없도록 애써야겠다.'

유성룡은 마음을 가누며 이렇게 다짐했습니다.

1590년, 유성룡은 우의정 자리에 올랐습니다.

이 무렵 바다 건너 '왜(지금의 일본)'에서는 도요토미 히데요시가 일본을 통일하고 정권을 잡았습니다.

그는 욕심이 많은 사람이었습니다.

조정에는 왜나라가 조선을 침략할 것이라는 얘기가 파다하게 퍼졌습니다.

유성룡은 사신을 보내 왜의 속셈을 살피도록 했습니다.

왜나라에서 돌아온 사신은, 왜가 명나라를 칠 것이라고 했

습니다. 이 말을 들은 유성룡은
왜가 조선을 침략할 구실을 찾고
있다고 생각했습니다.

 유성룡은 임금에게, 전쟁에 대
비하여 성을 쌓고 새로운 무기를
만들자고 아뢰었습니다.

어느 날 임금이 유성룡을 조용히 불렀습니다.

"전라 좌도 수군절도사를 뽑아야 하는데, 누구로 하면 좋겠소?"

유성룡이 잠시 생각했습니다.

"이순신으로 하면 좋을 듯하옵니다."

어린 시절에 만났던 이순신은 그동안 훌륭한 장수가 되어 있었습니다.

임금은 곧바로 이순신을 전라 좌도 수군절도사로 임명했습니다.

임진왜란이 일어나기 1년 전이었습니다.

임진왜란
터지다

1592년 4월 13일 아침이었습니다. 아침 햇살이 반짝반짝 빛나는 부산 앞바다에 헤아릴 수 없을 만큼 많은 왜군들이 쳐들어왔습니다. 임진왜란이 일어난 것이었습니다.

왜군이 쳐들어왔다는 소식에 백성들은 갈팡질팡했습니다.

조정에서는 신립 장군을 보내 왜군과 싸우게 했습니다.

신립 장군은 충주 탄금대에 배수진(강이나 바다를 등지고 배치하는 것)을 치고 맞섰으나, 새로운 무기인 조총을 든 왜군들을 물리칠 수 없었습니다.

신립 장군의 패전 소식을 들은 조정에서는 급히 회의를 열었습니다.

유성룡이 임금께 아뢰었습니다.

"전하, 우선 난을 피하셔야 합니다. 잠시 평양에 가 계시면서, 명나라에 지원군을 요청하는 것이 좋을 줄 아옵니다."

의논 끝에 선조 임금을 모시고 평양으로 피난을 떠나기로 결정했습니다.

선조 임금이 탄 어가(임금이 타는 수레)가 궁궐을 떠나는 날, 비가 내리기 시작했습니다.

"전하, 부디 이 나라 사직을 위해 옥체를 보전하소서!"

궁궐 여기저기에서 울음이 터져 나왔습니다.

임진강에 이를 때까지도 비는 오락가락했습니다.

임금의 몽진(임금이 난리를 피하여 안전한 곳으로 떠남) 행차를 보고 백성들이 흐느꼈습니다.

"임금께서 저희를 버리시면 저희는 어떻게 살아가라는 말씀입니까!"

34

선조 임금을 원망하며 울부짖는 백성들을 바라보는 유성룡의 가슴은 찢어지는 듯 아팠습니다.

일행은 한양을 떠난 지 이레 만에 평양에 도착했습니다.

이보다 앞서서 왜군들은 한양까지 파도처럼 밀려들어 왔습니다. 그동안 전라도, 충청도, 경상도에서 여러 장수들이 왜군과 맞서 싸웠으나 왜군들의 조총을 이길 수 없었습니다.

봄이 지나고 여름이 되었습니다. 날씨는 점점 더워지고, 산과 들은 초록색으로 짙어져 갔습니다.

영의정에 임명된 유성룡은 4도 도체찰사라는 임무까지 맡아 군사의 총책임자로서 전쟁을 치르고 있었습니다.

어느 날, 명나라에서 사신을 보내왔습니다.

조선이 너무 빨리 왜군에게 한양을 빼앗긴 사정을 알아보기 위해서였습니다.

임금은 유성룡에게 사신을 맞이하도록 했습니다.

인사를 나누고 난 사신이 눈을 치뜬 채 물었습니다.

"혹시 조선에서 왜군에게 명나라를 치라고 길을 내어 준 것

은 아니오? 어찌하여 왜군들이 이렇게 빨리 진격할 수 있단 말이오?”

“아니옵니다. 절대로 아니옵니다. 우리 조선은 명나라와의 의리는 꼭 지킵니다. 우리 조선이 왜군에게 짓밟혀 이렇게 고통을 당하는 것도, 알고 보면 명나라와의 의리를 지키고자 했기 때문입니다.”

명나라 사신은 고개를 끄덕였습니다.

사신이 명나라로 돌아가는 날이었습니다.

“우리 조선에 명나라 군사를 보내 주시오. 그러면 우리 조선은 반드시 왜군을 물리칠 수 있소.”

유성룡은 말 한 마디, 한 마디에 힘을 주어 말했습니다.

이 땅을
지키시옵소서

이때 벌써 평양성 밖 대동강 근처에 왜군들이 나타나기 시작했습니다. 그러자 곧 선조 임금이 평양성을 떠날 것이라는 소문이 퍼졌습니다.

조정 대신들은 임금에게 또다시 의주로 피난을 떠나야 한다고 아뢰었습니다. 대부분의 대신들이 찬성했지만, 유성룡은 적극 반대하고 나섰습니다.

"옛날부터 역사 깊은 나라가 외적의 침략으로 쉽게 망했다는 것은 보지도 듣지도 못했습니다. 우리 조선이 비록 지금은

『징비록』 | 유성룡이 고향에서 여생을 보내면서 쓴 임진왜란 회고록입니다.

왜군에게 밀리고 있으나, 어찌 가볍게 무너질 수 있겠소이까? 우리 대신들이 굳게 마음먹고 맞서 나가면 반드시 왜군을 물리칠 수 있을 것이오. 그러니 평양성을 버려서는 아니 되오."

사실 대신들은 임진왜란이 터지자 조선이 망하는 것은 아닌가 하여 두려워하고 있었습니다.

유성룡이 선조 임금께 굳은 표정으로 아뢰었습니다.

"전하, 전하께서 평양으로 오신 것은 명나라에 지원군을 요청하기 위해서였습니다. 명나라 사신이 곧 군사를 보내 준다고 하였사오니 평양성을 지키셔야 하옵니다."

목이 멘 유성룡의 얼굴 위로 뜨거운 눈물이 흘렀습니다.

그러나 선조 임금은 피난 행차를 준비하라고 분부했습니다.

유성룡이 다시 무릎을 꿇고 아뢰었습니다.

"전하, 전하께서 이 땅을 한 발자국이라도 벗어나시면 조선은 망하게 되옵니다. 그리하면 영원히 나라를 되찾을 수 없을 것이옵니다. 전하, 부디 이 땅을 지켜 주시옵소서."

유성룡은 선조 임금이 의주로 피난을 가려는 속뜻을 이미 알아차리고 있었습니다. 의주는 명나라와 가까운 지역인 만큼 임금의 어가가 언제든지 그쪽으로 옮겨 갈 수 있으리라 생각하고 있었던 것입니다. 유성룡은 말할 수 없이 괴롭고 슬펐습니다.

마침내 임금의 어가가 의주를 향해 떠났습니다. 유성룡은 평양성에 남았습니다.

그날 왜군의 한 부대가 평양성으로 쳐들어왔습니다.

유성룡은 성 안팎의 나무마다 병사들의 옷을 가져다 걸쳐 두라고 일렀습니다. 멀리서 보면 수많은 군사가 진을 치고 있

는 것처럼 보이게 하기 위해서였습니다.

왜군들의 총알이 성 안으로 날아오기 시작했습니다.

총알은 사람을 쓰러뜨리기도 하고, 성의 기둥에 박히기도 했습니다.

평양성을 지키던 군사들은 잔뜩 겁을 먹은 탓에 활을 집어 들 엄두조차 내지 못했습니다. 유성룡은 군사들에게 활을 쏘라고 크게 소리쳤습니다. 군사들이 한꺼번에 활을 쏘아 대자 왜군들이 물러가기 시작했습니다.

유성룡은 그날 밤 평양성을 떠났습니다. 명나라 군사들을 데리고 오겠다고 약속했던 사신을 맞이하기 위해서였습니다. 떠나기 전에 유성룡은 장수들을 불러 모았습니다.

그러고는 명나라 원군을 데려올 때까지는 무슨 수를 써서라도 평양성을 지켜 달라고 당부했습니다. 이때 평양성에 남은 군사는 고작 삼천 명 남짓이었습니다.

이순신
승리하다

마침내 임금의 몽진 행차가 의주에 다다랐습니다.

조선의 북쪽 맨 끝에 이른 것이었습니다.

그사이 평양성은 왜군에게 함락되고 말았습니다.

왜군은 공격을 멈추고 두 달 동안 그곳에 머물렀습니다.

그때 명나라 장수가 지원군을 데리고 온다는 소식이 조정에

알려졌습니다.

유성룡이 명나라 장수를 만났습니다.

곧이어 군비를 증강한 명나라 군사들이 평양성을 공격했습

니다. 조선의 군사들도 함께 싸웠습니다.

그런데 이 싸움에서 자기 나라 장수가 전사하자 명나라는 군사들을 되돌렸습니다.

한편 평양성이 함락될 무렵, 이순신은 바다에서 왜의 수군과 맞서 싸우고 있었습니다. 한산대첩으로 알려진 견내량 전투입니다.

먼저 이순신은 흰 깃발을 흔들며 달아나는 척했습니다. 왜의 수군들은 이순신의 계략을 짐작도 못 한 채 계속해서 쫓아왔습니다.

"둥둥, 두두둥, 두두두두둥!"

한순간, 이순신이 큰북을 울리며 뱃머리를 돌렸습니다.

"모두 뱃머리를 돌려라! 학익진을 펼쳐라!"

학익진은 학이 두 날개를 편 모양의 진으로, 적을 둘러싸기에 편리한 진형을 말합니다.

이순신 함대의 배 55척과 왜군 함대 73척이 맞섰습니다.

'지금이 가장 중요한 고비다. 만약 이 싸움에서 진다면 우리

조선은 망하고 말 것이다. 반드시 이겨야 한다!'

이순신은 북채를 잡은 손에 힘을 실어 더욱 힘차게 북을 울렸습니다.

"두둥, 둥둥! 두두둥, 두두두두둥!"

거북선 옆구리에서 포탄이 쏟아져 나왔습니다. 포탄을 맞은 왜군의 배가 하나둘 불타오르기 시작했습니다. 순식간에 왜군들의 배가 바닷속으로 가라앉았습니다.

이순신 함대는 왜군의 배 47척을 불태우고 12척을 사로잡았습니다.

이순신의 승전 소식이 조정에 알려지자, 선조 임금은 크게 기뻐했습니다. 유성룡의 마음도 환해졌습니다.

이 소식은 평양성을 점령한 왜군 대장에게도 알려졌습니다.

그는 몹시 화를 내며 안절부절못했습니다. 왜군의 계획이 물거품이 되는 순간이었기 때문입니다.

바다에서 이순신이 계속 승리하자, 왜군들은 더 이상 북쪽으로 진격할 수 없었습니다. 식량을 보내오는 보급로가 끊겼

기 때문이었습니다. 왜군들은 해전에서 승리하면 명나라 땅인 요동(지금의 랴오닝)이나 천진(지금의 톈진)에 상륙할 계획이었습니다. 그러나 이순신에게 바닷길이 막혀 그렇게 할 수 없었던 것입니다.

그동안 우리 조정에서는 군량을 준비하고, 무기를 새로 만들었습니다. 왜군들이 중국에 상륙하지 못하게 되자 비로소 명나라 지원군이 조선에 들어왔습니다.

평양성을
다시 찾다

이 무렵, 유성룡은 전국 각 고을에서 의병들이 들고일어나게 했습니다. 경상도의 곽재우는 왜군과 싸울 때마다 승리했습니다.

유성룡은 스님들에게도 글을 보내 나라를 걱정했습니다. 이에 스님들도 승병을 조직해 왜군과 맞서 싸웠습니다.

유성룡은 새로운 무기도 만들게 했습니다. 이장손이 만든 폭탄 '비격진천뢰'가 그것입니다. 멀리까지 날려 보낸 포탄이 땅에 떨어지더라도 금세 터지지 않게 한 것으로, 그것이 무엇

인지 모르는 왜군들이 우르르 몰려와 구경하는 순간 포탄이
터져 죽거나 다치게 만든 것입니다.

"으, 정말 무서워! 아무리 생각해도 귀신의 장난이라고 할
수밖에 없어!"

왜군들은 하나같이 두려움에 떨었습니다.

다시 명나라에서 지원군이 왔습니다. 명나라의 총대장은 이여송이었습니다.

유성룡은 이여송에게 평양 지도를 보여 주었습니다.

그러고는 지형에 대해서도 자세히 설명했습니다.

'유성룡은 정말 훌륭한 재상이군.'

이여송은 유성룡의 지혜에 놀랐습니다.

평양성을 포위한 명나라 군사들은 보통문과 칠성문으로 쳐들어갔습니다. 조선 군사들도 명나라 군사들과 함께 평양성으로 향했습니다.

왜군들은 붉은 깃발과 흰 깃발을 세워 놓고 조총을 쏘아 댔습니다. 이에 대해 명나라와 조선의 군사들은 대포와 불화살로 맞섰습니다.

군사들이 성벽을 기어 올라갔습니다. 성 위에서 왜군이 창과 칼을 휘둘러 댔습니다.

그러나 차츰 명나라와 조선 군사들에게 왜군이 밀리기 시작했습니다. 왜군들은 조총을 쏘아 대며 물러갔습니다.

"와아, 우리가 승리했다! 만세, 만만세!"

마침내 평양성을 되찾은 것이었습니다. 이로 인해 군사들의 사기가 매우 높아졌습니다.

백성들은 차츰 왜군을 물리칠 수 있다고 믿게 되었고, 대신들도 전쟁에서 승리할 수 있다는 생각을 하기 시작했습니다.

유성룡은 달아나는 왜군들을 공격해서 무찔러야 한다고 말했습니다. 그러나 이여송에게는 그럴 마음이 전혀 없었습니다.

그 무렵 전라도 순찰사였던 권율은 행주산성에 있었습니다.

권율 역시 유성룡이 추천한 장군이었습니다.

권율은 명나라 군사들이, 왜군을 한강 남쪽으

로 쫓아내기 위해 한양으로 향했다는 전갈을 받았습니다.

권율이 군사를 이끌고 있는 행주산성은 한양으로 들어가는 길목이므로 매우 중요한 성이었습니다.

평양성에서 밀려 내려온 왜군이 행주산성을 공격해 왔습니다. 군사들과 백성들은 겁을 먹고 달아나려 했습니다. 권율은 군사들과 백성들을 향해 외쳤습니다.

"성 뒤에는 한강이 흐르고 있다. 우리는 더 이상 달아날 곳이 없다. 이곳에서 죽을 각오로 싸워야 한다. 죽을 각오로 싸우면 살 것이요, 살고자 하면 모두 죽을 것이다."

군사들과 백성들은 하나가 되어 왜군과 맞섰습니다.

군사들은 활을 비 오듯 쏘아 댔습니다. 부녀자들은 행주치마에 돌을 담아 나르는 한편, 아궁이에서 재를 퍼 왔습니다. 성벽을 기어오르는 왜군에게 재를 뿌려 눈을 뜰 수 없게 만들어 놓고 부지런히 돌팔매질을 했습니다.

견디다 못한 왜군은 한양으로 물러났습니다.

유성룡은 권율 장군의 승전 소식을 듣고 몹시 기뻤습니다.

왜군들이 한양을 점령한 지도 어느새 두 해가 지났습니다.

봄이 돌아왔지만 백성들은 농사를 지을 수 없었습니다. 당연히 굶주리는 백성들이 늘기 시작했습니다.

유성룡은 하늘을 올려다보았습니다.

'왜놈들은 물러갈 기미가 없고, 죄 없는 백성들만 말할 수 없는 고통을 겪으니, 이 일을 어쩌면 좋단 말인가!'

유성룡은 임금에게 아뢰었습니다.

"전하, 군량을 얼마만이라도 나누어 주면 굶어 죽는 백성들이 줄어들 것 같사옵니다. 허락하여 주시옵소서."

선조 임금의 허락을 받은 유성룡은 백성들에게 군량을 조금씩 나눠 주어 굶주림을 면하게 했습니다.

여기에 감동한 명나라 장수들도 군량을 보내왔습니다.

왜군 대장이 전쟁을 멈출 빌미를 찾기 위해 화친(나라와 나라가 다투지 않고 사이좋게 지냄)의 뜻을 전해 왔습니다.

유성룡은 이여송을 찾아갔습니다.

"아무래도 전세가 불리하니까 저쪽에서 화친을 요구하는 모

양인데, 이번 기회에 아예 왜군의 뿌리를 뽑아 버립시다."

싸울 마음이 없던 이여송은 부하 장수를 보내, 왜군에게 진짜 화친할 뜻이 있는지 알아보도록 했습니다.

"왜와 화친을 해서는 안 됩니다. 왜군을 공격해 빨리 물리쳐야 합니다!"

이여송은 유성룡의 태도에 멈칫했습니다.

"왜놈들이 왕자들을 풀어 주고 물러간다고 하니 일단 화친을 하고 나중에 다시 공격하면 어떻겠습니까?"

그러나 유성룡은 뜻을 굽히지 않았습니다.

옆에 있던 명나라 장수가 화를 냈습니다.

"그렇게 화친을 싫어하면서 어찌 조선의 임금은 한양을 버리고 도망치셨단 말이오?"

유성룡은 끓어오르는 분노를 누르며 침착하게 대답했습니다.

"나라가 위태로울 때는 수도를 옮기고 뒷날을 계획할 수도 있는 것이오."

유성룡이 화친을 반대하는 것은 조선이 승리할 수 있다고 믿기 때문이었습니다.

명나라로부터, 이여송에게 왜군을 추격하라고 명령하는 글이 왔습니다. 이여송은 할 수 없이 왜군의 뒤를 쫓았습니다.

그러나 많은 왜군들은 이미 한강을 넘어 부산으로 향하고 있었습니다. 그러고는 바닷가에 진을 친 채 철군 명령을 기다렸습니다.

전쟁이 시작된 이듬해 10월, 선조 임금은 한양으로 돌아왔습니다.

왜군 대장은 화친의 글

을 가지고 명나라로 들어갔습니다.

그러자 명나라에서는 왜와 화친하라는 글을 우리 조정에 보내왔습니다.

그때 유성룡은 전쟁 통에 얻은 병으로 자리에 누워 있었습니다.

유성룡은 임금에게 글을 올렸습니다.

왜와 화친을 해서는 안 됩니다. 명나라에서는 왜에 무릎을 꿇으라는 것이옵니다. 우리의 사정을 명나라에 자세히 알리고 회답을 기다린 다음에 화친을 해도 늦지 않습니다.

선조 임금이 보낸 사신을 맞은 명나라에서는 왜군 대장을 불러 다음과 같은 세 가지 약속을 하게 했습니다.

첫째, 조선에 예물을 요구하지 말 것.
둘째, 왜군은 단 한 명도 조선에 남기지 말 것.

셋째, 앞으로 영원히 조선을 침략하지 말 것.

왜군 대장은 이 문서를 가지고 자기 나라로 돌아갔습니다.

문서를 본 도요토미 히데요시는 불같이 화를 냈습니다. 더구나 육지에서 늘 이기는 왜군이 바다에서 싸울 때는 번번이 패하는 데 대해 더욱 분통을 터뜨렸습니다.

임진왜란 승리하다

임진왜란이 일어난 지도 어느덧 여섯 해가 지났습니다.

그때까지도 전쟁은 끝나지 않았습니다.

이순신과 왜군 사이의 해전은 끝이 없는 듯 보였습니다.

명나라는 조선에 수군(오늘날의 해군) 지원군을 보내 왔습니다. 이순신의 수군과 힘을 합쳐 왜군을 무찌르기 위해서였습니다.

이순신이 이끄는 수군과 왜의 수군이 남해의 노량에서 맞붙었습니다.

하회 마을 | 풍산 유 씨가 600여 년 동안 대대로 모여 살아온 안동 하회 마을 모습입니다. 이곳에 유성룡의 생가가 있습니다.

이 싸움에서 200척이 넘는 왜군 배가 격파되었습니다. 죽고 다친 왜군의 수는 헤아릴 수 없을 정도였습니다.

겁을 집어먹은 왜군의 나머지 배들이 달아나기 시작했습니다. 이순신은 꽁무니를 빼는 왜군의 뒤를 쫓았습니다.

그 순간, 왜군의 총알이 이순신의 가슴을 뚫었습니다. 이순신은 달려온 조카 완에게 몸을 기대었습니다.

"지금은 한창 싸움이 급하니, 우리 군사들에게 내 죽음을 알

리지 마라. 절대로 알리지 마라."

이렇게 신신당부를 한 이순신은 곧 숨을 거두었습니다.

완은 배를 몰아 적진을 헤치며 들어갔습니다.

이순신의 배를 보고 놀란 왜군들은 뿔뿔이 흩어졌습니다.

노량 대첩으로 일컬어지는 이 싸움에서 조선 수군은 크게 승리했지만, 안타깝게도 명장 이순신을 잃고 말았습니다.

명나라 수군 대장 진인은 이순신의 시신 앞에서 통곡을 했습니다. 명나라 수군들도 따라 울었습니다.

그날 노량 앞바다는 온통 눈물바다였습니다.

그 후 왜군은 두 번 다시 조선에 쳐들어오지 못했습니다.

1592년부터 시작된 전쟁, 곧 임진왜란이 7년이라는 긴 세월 동안 우리 강산을 피로 물들이고 마침내 끝이 난 것입니다.

전쟁이 끝나자 유성룡은 벼슬에서 물러나 고향으로 돌아갔습니다.

유성룡은 임진왜란을 겪는 동안 날마다 꼬박꼬박 일기를 썼습니다. 유성룡은 나라에 큰일이 있을 때는 반드시 하늘이 알려 주는데 사람들이 미처 그것을 깨닫지 못해 어려움을 당한다고 생각했습니다.

그러고는 '지난 잘못을 반성하여 뒷날의 어려움에 대비한다.'는 뜻으로 『징비록』을 엮었습니다.

임금을 도와 나라를 다스리는 데 온 힘을 쏟았던 유성룡은 예순여섯의 나이로 세상을 떠났습니다.

어의(궁궐 안에서 임금이나 왕족의 병을 치료하던 의원)까지 보내 유성룡의 병을 보살피게 했던 선조 임금은 몹시 슬퍼했습니다.

백성들 또한 사흘 동안 일을 하지 않고 유성룡의 죽음을 애달파하며 울었습니다.

연 대	발 자 취
1542년(1세)	10월 1일, 경상도 의성현 사촌리에서 황해도 관찰사 유중영의 둘째 아들로 태어나다.
1558년(17세)	광평 대군 5세손인 이경의 딸과 결혼하다.
1562년(21세)	퇴계 이황 선생에게 가르침을 받다.
1566년(25세)	문과에 급제하여 승문원 권지부정자로 임명되다.
1569년(28세)	사헌부 감찰, 성절사의 서장관으로 명나라 연경(지금의 베이징)에 가다.
1570년(29세)	병조 좌랑 겸 홍문관 수찬으로 임명되다.
1580년(39세)	어머니를 봉양하려고 여러 번 관직을 사양하자 선조 임금이 상주 목사로 임명하여 어머니를 모시게 하다.
1581년(40세)	임금의 명에 따라 『대학연의』를 지어 올리다.
1582년(41세)	사간원 대사간이 되다. 우부승지에서 도승지로 특진되다. 사헌부 대사헌에 올라 임금의 명에 따라 『황화집』 서문을 지어 올리다.
1583년(42세)	경상도 관찰사가 되다.
1584년(43세)	예조 판서 겸 동지경연 춘추관사, 홍문관 제학이 되어 향약을 반포하다.
1588년(47세)	형조 판서 겸 홍문관 대제학, 예문관 대제학, 지경연 춘추관 성균관사가 되다.
1589년(48세)	사헌부 대사헌에 병조 판서를 겸하다. 정경부인 이씨가 세상을 떠나다. 이조 판서가 되다.
1590년(49세)	황윤길, 김성일 등을 통신사로 보내 왜국의 정세를 살피고 오게 하다. 우의정에 오르고 이조 판서를 겸하다.
1591년(50세)	좌의정에 오르고 이조 판서를 겸하다. 왜란에 대비하여 이순신을 전라도 좌수사로, 권율을 의주 목사로 임명토록 하다.
1592년(51세)	왜군이 침입하자 좌의정으로서 병조 판서를 겸하다. 다시 영의정에 오르고, 훈련도감 도제조를 겸하다.
1595년(54세)	경기 · 황해 · 평안 · 함경 4도 도체찰사로 임명되다.
1597년(56세)	이순신이 파면될 때, 부당함을 알렸으나 받아들여지지 않다. 그를 천거한 책임을 지고 사직 상소를 올렸으나 역시 받아들여지지 않다.
1598년(57세)	북인들의 탄핵으로 영의정에서 파직당하고, 모든 관직을 삭탈당하다.
1604년(63세)	『징비록』을 쓰다.
1607년(66세)	선조가 어의를 보내 병환을 살피게 하였으나, 5월 6일 세상을 떠나다.
1627년(인조 5년)	'문충공'이라는 시호가 내려지다.

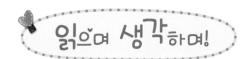

1. 임진왜란이 끝난 뒤 유성룡이 '지난 잘못을 반성하여 뒷날의 어려움에 대비한다.'는 뜻으로 엮은 책의 이름은 무엇인가요?

　　전쟁이 끝나자 유성룡은 벼슬에서 물러나 고향으로 돌아갔습니다.
　　유성룡은 임진왜란을 겪는 동안 날마다 꼬박꼬박 일기를 썼습니다. 유성룡은 나라에 큰일이 있을 때는 반드시 하늘이 알려 주는데 사람들이 미처 그것을 깨닫지 못해 어려움을 당한다고 생각했습니다.

2. 유성룡은 전쟁에 대비해 전라 좌도 수군절도사로 누구를 추천했나요?

3. 조선의 북쪽 맨 끝에 위치하는 곳으로, 선조 임금이 평양을 떠나 또다시 피난을 갔던 곳은 어디인가요?

4. 다음 글과 관련된 속담을 찾아보고, 그 속담이 우리에게 주는 교훈을 유성룡의 행동과 관련지어 써 보세요.

> 성룡은 친구들과 함께 강가에서 물놀이를 하다가 그만 깊은 곳에 빠지고 말았습니다. 헤엄을 칠 줄 모르는 성룡은 한참 동안 허우적거리기만 했습니다.
> "아이구, 저걸 어째? 큰일 났다!"
> 친구들은 울며불며 발을 동동 굴렀습니다. 허우적대던 유성룡은 한순간 정신을 모아야겠다고 생각했습니다.
> 그러고는 침착하게 강물의 흐름을 바라보면서 물살을 따라 강 가장자리로 나왔습니다.

5. 의주로 피난을 가려는 선조 임금에게 유성룡은 조선 땅을 떠나지 말라고 간절히 부탁합니다. 그 까닭은 무엇인지, 이 부분을 통해 유성룡의 어떤 면을 알 수 있는지 적어 보세요.

6. 다음 글을 읽고 송희의 생각에 대해 어떻게 생각하는지 말해 보세요. 그리고 그렇게 생각한 까닭은 무엇인지도 말해 보세요.

원상 : 난 이순신 장군을 가장 존경해. 임진왜란이 일어나자 거북선을 만들어 왜군을 멋지게 무찔렀잖아. 임진왜란을 승리로 이끈 가장 위대한 인물은 역시 이순신 장군이야.

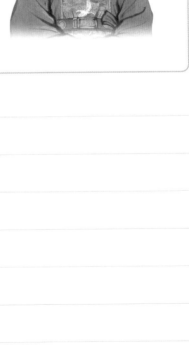

송희 : 유성룡도 훌륭한 위인이야. 그는 지혜롭고 덕망 있는 최고의 재상이었어. 이순신, 권율과 같은 위대한 인물들을 추천했고 임진왜란을 승리로 이끌었잖아. 하지만 사람들은 이순신 장군만을 기억할 뿐, 유성룡은 그만큼 위대한 인물로 여기지 않는 것 같아. 이순신의 난중일기는 누구나 알고 있지만 유성룡의 징비록은 잘 모르는 경우가 많은 것도 그렇고. 난 유성룡이 더욱 위대한 인물로 추앙받지 못하고 있는 게 안타까워. 답답하기도 하고 말이야.

풀이

1. 징비록

2. 이순신

3. 의주

4. 예시 : '호랑이에게 물려가도 정신만 차리면 된다.'라는 속담이 있다. 이는 아무리 위험한 상황에 처하더라도 정신을 차리고 침착하게 대응하면 살아날 방법이 생긴다는 뜻이다. 유성룡은 물에 빠져 죽을 뻔한 위험한 상황에서도 당황하지 않고 강물의 흐름을 살피는 침착함을 발휘했다. 그 덕분에 무사히 살아나 뒷날 조선을 위기로부터 구한 위대한 인물이 될 수 있었다.

5. 예시 : 임금이 피난을 가면 백성과 군사들의 사기가 떨어지고 전쟁에서 패해 나라를 빼앗길 가능성이 커지기 때문이다. 눈물을 흘리며 간절히 부탁하는 모습에서 그가 임금과 백성과 나라를 얼마나 아끼고 사랑하는지를 알 수 있다. 또한 목숨을 걸고 이러한 부탁을 한 것으로 보아 자신의 편안함을 위해 달콤한 아부의 말만 하는 숱한 신하들과 달리, 충직하고 절개 있는 성품임을 짐작할 수 있다.

6. 예시 : 나의 공보다 다른 사람의 공을 더 치켜세우고, 다른 사람의 성공을 진심으로 바라고 기뻐하기란 어려운 일이다. 그러나 유성룡은 진정한 애국자였기에 나라를 위해 큰일을 할 사람을 추천하여 임진왜란을 승리로 이끌었다. 보이는 업적보다 더 중요한 건 적당한 때에 적당한 곳에 꼭 필요한 일꾼을 쓸 줄 아는 지혜이다. 안타까워하는 송희의 마음은 이해가 가지만, 자신을 드러내기보다 훌륭한 인물을 천거하고 지혜롭게 전쟁을 이끌었다는 점 때문에 유성룡은 진정 최고의 위인이라고 할 수 있지 않을까?

역사 속에 숨은 위인을 만나 보세요!

한국사 연표

시대	선사 시대 및 연맹 왕국 시대	삼국 시대	남북국 시대	고려 시대	
B.C.		A.D.	698	918	1392

주요 인물 및 사건:

- 광개토 태왕 (374~412)
- 을지문덕 (?~?)
- 연개소문 (?~666)
- 김유신 (595~673)
- 대조영 (?~719)
- 장보고 (?~846)
- 왕건 (877~943)
- 강감찬 (948~1031)
- 최무선 (1328~1395)
- 황희 (1363~1452)
- 세종대왕 (1397~1450)
- 장영실 (?~?)
- 신사임당 (1504~1551)
- 이이 (1536~1584)
- 허준 (1539~1615)
- 유성룡 (1542~1607)
- 한석봉 (1543~1605)
- 이순신 (1545~1598)
- 오성과 한음 (오성 1556~1618 / 한음 1561~1613)

사건:
- 고조선 건국 (B.C. 2333)
- 철기 문화 보급 (B.C. 300년경)
- 고조선 멸망 (B.C. 108)
- 고구려 불교 전래 (372)
- 신라 불교 공인 (527)
- 고구려 살수 대첩 (612)
- 신라 삼국 통일 (676)
- 대조영 발해 건국 (698)
- 견훤 후백제 건국 (900)
- 궁예 후고구려 건국 (901)
- 장보고 청해진 설치 (828)
- 왕건 고려 건국 (918)
- 귀주 대첩 (1019)
- 윤관 여진 정벌 (1107)
- 고려 강화로 도읍 옮김 (1232)
- 개경 환도, 삼별초 대몽 항쟁 (1270)
- 문익점 원에서 목화씨 가져옴 (1363)
- 최무선 화약 만듦 (1377)
- 조선 건국 (1392)
- 훈민정음 창제 (1443)
- 임진왜란 (1592~1598)
- 한산도 대첩 (1592)
- 허준 동의보감 완성 (1610)
- 병자호란 (1636)
- 상평통보 전국 유통 (1678)

연대: 2000 500 400 300 100 0 300 500 600 800 900 1000 1100 1200 1300 1400 1500 1600

세계사 연표

B.C.	고대 사회	A.D. 375	중세 사회	1400

- 중국 황하 문명 시작 (B.C. 2500년경)
- 인도 석가모니 탄생 (B.C. 563년경)
- 알렉산더 대왕 동방 원정 (B.C. 334)
- 크리스트교 공인 (313)
- 게르만 민족 대이동 시작 (375)
- 로마 제국 동서로 분열 (395)
- 수나라 중국 통일 (589)
- 이슬람교 창시 (610)
- 수 멸망 당나라 건국 (618)
- 러시아 건국 (862)
- 거란 건국 (918)
- 송 태종 중국 통일 (979)
- 제1차 십자군 원정 (1096)
- 테무친 몽골 통일 칭기즈 칸이 됨 (1206)
- 원 제국 성립 (1271)
- 원 멸망 명 건국 (1368)
- 잔 다르크 영국군 격파 (1429)
- 구텐베르크 금속 활자 발명 (1450)
- 코페르니쿠스 지동설 주장 (1543)
- 도요토미 히데요시 일본 통일 (1590)
- 독일 30년 전쟁 (1618)
- 영국 청교도 혁명 (1642~1649)
- 뉴턴 만유인력의 법칙 발견 (1665)

인물:
- 석가모니 (B.C. 563?~B.C. 483?)
- 예수 (B.C. 4?~A.D. 30)
- 칭기즈 칸 (1162~1227)

| 정약용
(1762~1836)

김정호
(?~?) | | | 주시경
(1876~1914)
김구
(1876~1949)
안창호
(1878~1938)
안중근
(1879~1910) | | 우장춘
(1898~1959)
방정환
(1899~1931) | 유관순
(1902~1920)
윤봉길
(1908~1932) | 이중섭
(1916~1956) | | | 백남준
(1932~2006) | | 이태석
(1962~2010) | | | | |

| 이승훈
천주교
전도
(1784) | | | 최제우
동학
창시
(1860)
김정호
대동여
지도
제작
(1861) | 강화도
조약
체결
(1876)
지석영
종두법
전래
(1879) | 갑신
정변
(1884) | 동학
농민
운동,
갑오
개혁
(1894)
대한
제국
성립
(1897) | 을사
조약
(1905)
헤이그
특사
파견,
고종
퇴위
(1907) | 한일
강제
합방
(1910)
3·1
운동
(1919) | 어린이날
제정
(1922) | 윤봉길·
이봉창
의거
(1932) | 8·15
광복
(1945)
대한
민국
정부
수립
(1948) | 6·25
전쟁
(1950~1953) | 10·26
사태
(1979) | 6·29
민주화
선언
(1987)
서울
올림픽
개최
(1988) | 북한
김일성
사망
(1994) | 의약
분업
실시
(2000) |

조선 시대 | **1876 개화기** | **1897 대한 제국** | **1910 일제 강점기** | **1948 대한민국**

| 1700 | 1800 | 1850 | 1860 | 1870 | 1880 | 1890 | 1900 | 1910 | 1920 | 1930 | 1940 | 1950 | 1970 | 1980 | 1990 | 2000 |

근대 사회 | **1900** | **현대 사회**

| 미국
독립
선언
(1776)

프랑스
대혁명
(1789) | 청·영국
아편
전쟁
(1840~1842) | | 미국
남북
전쟁
(1861~1865) | 베를린
회의
(1878) | 청·
프랑스
전쟁
(1884~1885) | 청·일
전쟁
(1894~1895)
헤이그
평화
회의
(1899) | 영·일
동맹
(1902)
러·일
전쟁
(1904~1905) | 제1차
세계
대전
(1914~1918)
러시아
혁명
(1917) | 세계
경제
대공황
시작
(1929) | 제2차
세계
대전
(1939~1945) | 태평양
전쟁
(1941~1945)
국제
연합
성립
(1945) | 소련
세계
최초
인공위성
발사
(1957) | 제4차
중동
전쟁
(1973)
소련
아프가니
스탄
침공
(1979) | 미국
우주
왕복선
콜럼비아
호 발사
(1981) | 독일
통일
(1990)
유럽
11개국
단일
통화
유로화
채택
(1998) | 미국
9·11
테러
(2001) |

| 워싱턴
(1732~1799)

페스탈
로치
(1746~1827)

모차
르트
(1756~1791)

나폴
레옹
(1769~1821) | 링컨
(1809~1865)

나이팅
게일
(1820~1910)

파브르
(1823~1915)

노벨
(1833~1896)

에디슨
(1847~1931) | 가우디
(1852~1926) | 라이트
형제
(형, 윌버
1867~1912 /
동생, 오빌
1871~1948)

마리
퀴리
(1867~1934)

간디
(1869~1948) | 아문센
(1872~1928)

슈바이처
(1875~1965)

아인슈
타인
(1879~1955) | 헬렌
켈러
(1880~1968) | | | 테레사
(1910~1997)

만델라
(1918~2013) | 마틴
루서 킹
(1929~1968) | | 스티븐
호킹
(1942~2018) | 오프라
윈프리
(1954~)

스티브
잡스
(1955~2011)

빌
게이츠
(1955~) | | | | |

2021년 7월 25일 2판 4쇄 **펴냄**
2014년 2월 25일 2판 1쇄 **펴냄**
2008년 5월 30일 1판 1쇄 **펴냄**

펴낸곳 (주)효리원
펴낸이 윤종근
글쓴이 이창건 · **그린이** 한재홍
사진 제공 중앙포토
등록 1990년 12월 20일 · **번호** 2-1108
우편 번호 03147
주소 서울시 종로구 삼일대로 457, 1206호
대표 전화 02)3675-5222 · **편집부** 02)3675-5225
팩시밀리 02)765-5222

© 2008 · 2014, (주)효리원

ISBN 978-89-281-0339-3 64990

홈페이지 www.hyoreewon.com